La Liberté

L'Égalité, la Fraternité

GUILLAUMIN ET Cie

La Liberté

L'Égalité, la Fraternité

LADISLAS DOMANSKI

La Liberté

L'Égalité, la Fraternité

ÉTUDES DE CRITIQUE

PARIS

GUILLAUMIN ET Cie

ÉDITEURS DU JOURNAL DES ÉCONOMISTES

RUE RICHELIEU, 14

1897

INTRODUCTION

Il est aujourd'hui hors de doute que dans le domaine économique et politique aussi bien que dans le
domaine moral, ce ne sont jamais les idées et les
principes, mais les sentiments et même parfois de
simples mots qui dirigent la conduite des hommes et
qui gouvernent les peuples. Longtemps on a eu des
illusions à cet égard, on essaya même de discuter
avec les foules, croyant qu'un raisonnement exact
était pour elles un moyen de persuasion efficace et
suffisant ; ces illusions durent céder devant l'expérience, et il semble qu'actuellement cette question de
psychologie sociale soit définitivement résolue d'une
façon négative, l'histoire moderne et surtout celle de
la Révolution française et du premier Empire ayant
fourni à la science des preuves tout à fait convain-
cantes à ce sujet.

En effet, les idées générales, fruit d'un long travail
de l'intelligence, ne peuvent être accessibles qu'à un
nombre restreint de cerveaux cultivés et préparés à les
recevoir. Un nombre encore plus restreint s'en sert
pour sa conduite propre, et très peu d'hommes se
déterminent personnellement d'après leurs données.

1.

Ce n'est que lorsque les idées générales se sont trans-
formées en sentiments, ont pénétré dans les régions
voisines de l'inconscient et se traduisent en mouvements irraisonnés et réflexes, qu'elles commencent à
agir sur les foules, se propagent rapidement par voie
de suggestion et d'imitation et influent avec une force
appréciable sur les destinées des nations. Ce ne sont
jamais ceux qui parlent à la raison qui sont entendus
et compris de la multitude, mais ceux qui s'adressent
à l'imagination, savent l'émouvoir et la diriger, autre-
fois les apôtres et les illuminés, aujourd'hui les politiciens et les meneurs. De là vient la toute-puissance des
croyances. « Une croyance est l'œuvre de notre esprit,
mais nous ne sommes pas libres de la modifier à notre
gré. Elle est notre création, mais nous ne le savons
pas. Elle est humaine, et nous la croyons dieu. Elle est
l'effet de notre puissance, et elle est plus forte que
nous. Elle est en nous ; elle ne nous quitte pas ; elle
nous parle à tout moment. Si elle nous dit d'obéir,
nous obéissons ; si elle nous trace des devoirs, nous
nous soumettons. L'homme peut bien dompter la
nature, mais il est assujetti à sa pensée. » (*Fustel de
Coulanges.*) Aussi l'humanité doit-elle une bonne part
du progrès moral dont elle jouit aux religions qui l'ont
gouvernée et aux bribes de vérité que celles-ci conte-
naient ; celles qui renfermaient trop d'erreurs ont
conduit des peuples et des civilisations à la décadence
et à la mort et y ont trouvé leur propre tombeau.
Pour que la science puisse prendre leur place et
arriver à la puissance tant souhaitée, il faudra qu'au
moyen d'une longue et patiente culture des esprits,

transmise par la voie de l'hérédité aux générations
futures, elle se soit elle-même transformée en religion, en pénétrant dans le domaine de la foi, et qu'elle
devienne partie intégrante de l'instinct de conservation de l'homme de l'avenir.

Il importe, cependant, de remarquer que ce sont
uniquement les idées vraies et justes qui doivent subir
une transformation aussi longue et complète, avant de
pénétrer et de se répandre dans l'atmosphère morale
d'un peuple; il n'en est pas de même des idées fausses
et nuisibles qui, flattant les passions et les mauvais
instincts, sont bien plus vite saisies et assimilées. En
ce moment, nous voyons plusieurs d'entre elles en
train de s'ériger en dogmes indiscutables, c'est toute
une religion nouvelle qui se prépare sous nos yeux;
malgré son apparence de justice et ses dehors huma-
nitaires, elle renferme des germes de doctrines des
plus fausses et des plus malfaisantes, d'autant plus
dangereuses que, fondées sur de simples affirmations
et des mots sans signification précise, elles échappent
facilement à la critique. C'est de plusieurs de ces mots
que nous nous occupons dans les pages qui suivent en
essayant d'indiquer leur juste valeur, leur contenu,
afin de diminuer un peu la confusion et le vague qui
règnent dans le langage politique moderne.

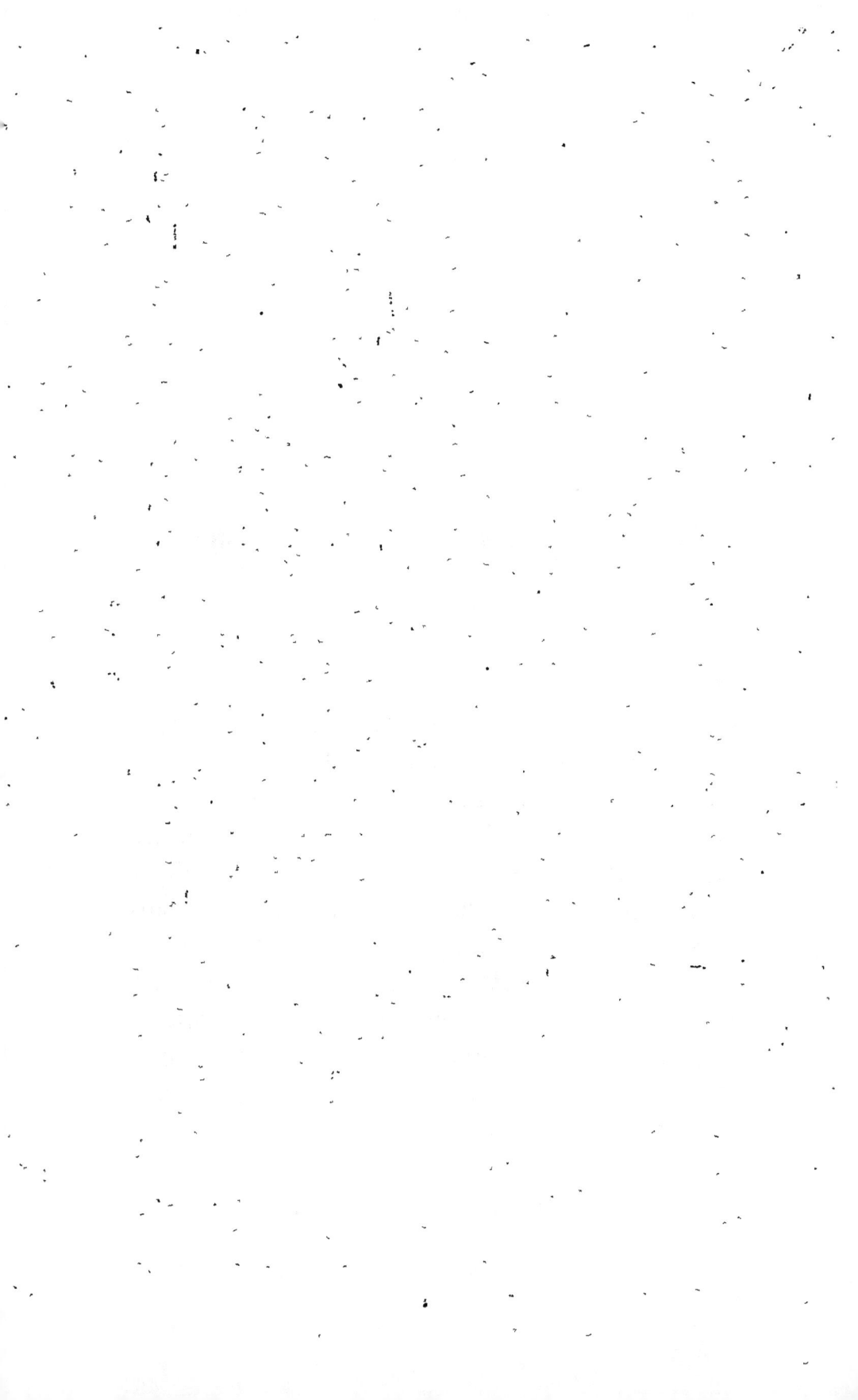

L'Égalité.

I

Née il y a deux siècles à peine, en même temps que d'autres dogmes sociaux d'égale valeur, l'idée d'égalité absolue a bien vite quitté la forme scientifique et abstraite que lui ont donnée les philosophes pour s'implanter, dans les têtes incultes des foules, en article de foi. Elle appartient, par ses origines, aux mathématiques et aurait dû ne pas en sortir : c'est une conception essentiellement abstraite, un produit de l'esprit pur, qu'on s'efforcerait vainement d'objectiver ; les mathématiques n'étant pas, contrairement à l'opinion courante, des sciences, mais uniquement des méthodes de raisonnement, dont personne ne conteste, d'ailleurs, les précieux services, l'idée d'égalité ne possède aucun caractère de certitude scientifique, ne peut correspondre à aucune réalité objective, ni s'appliquer à des phénomènes soit naturels, soit sociaux ; elle appartient au domaine de l'abstraction pure, car la relation qu'elle est censée exprimer implique une équivalence absolue entre les phénomènes, équivalence qui ne se rencontre nulle part dans la nature soumise à notre observation.

En effet, c'est en vain que l'on chercherait dans la nature deux phénomènes parfaitement égaux, ne différant en rien l'un de l'autre, réunissant toutes les conditions d'équivalence absolue : la nature animée n'en connaît point. Pour trouver l'égalité, il faut aller la chercher dans la mort, non pas celle que nous connaissons sur notre planète et qui n'est que la mort de formes et d'individus isolés, mais la mort absolue de la matière, la stabilité complète et définitive, comme, par exemple, celle du grand cadavre, notre proche voisin : la lune. Quant à la vie, elle ne connaît ni égalité, ni stabilité, ni repos ; vivre, c'est lutter, c'est résister, se transformer et triompher, et tout cela serait non seulement inutile, mais impossible en état d'équilibre parfait.

Donc, point d'égalité, point d'équilibre stable dans la nature vivante ; mais il y a plus : l'inégalité, tant décriée dans les relations sociales, joue chez les êtres organisés un rôle d'une importance exceptionnelle, elle est l'agent le plus actif et le plus puissant du développement et du progrès. La grande loi de la nature mise en lumière par Darwin, et qui porte son nom, prouve que c'est de

l'inégalité entre les individus que découle la per-
fectibilité des espèces ; les individus les mieux
doués, qui ont le plus de chance de résister aux
attaques des ennemis et de la nature inanimée, se
multiplient avec plus de facilité et transmettent à
leurs descendants les qualités et les propriétés qui
constituaient leur supériorité ; ceux-ci, après avoir
acquis de nouvelles aptitudes dans la lutte qui les
attend, les ajoutent à l'héritage reçu et les transmettent à leur tour aux générations suivantes. Si
l'on admettait, par impossible, qu'à un moment
donné tous les individus d'une espèce pussent
devenir égaux entre eux, ce moment là marque-
rait forcément l'arrêt de l'évolution de l'espèce
dans le sens du progrès, aucune sélection naturelle ne pouvant plus avoir lieu, et en même temps
le commencement de sa dégénérescence, car elle
serait vite vaincue et exterminée par les espèces
voisines dont l'inégalité et la sélection naturelle
assurent le progrès.

L'idée abstraite d'égalité, absolument étran-
gère aux phénomènes de la nature animale, ne
l'est pas moins aux phénomènes sociaux, soumis
en dernière analyse aux mêmes lois naturelles de
vie et de développement. L'homme n'est pas,
comme on l'a longtemps prétendu, un être à part,
séparé du reste du monde par une origine et une
destinée surnaturelles ; il est, quoi qu'on en dise,

fils de la nature, qui l'entoure de toute part, le tient asservi et lui fait durement expier toute transgression de ses lois. Les traits fondamentaux du caractère de l'homme et toute sa structure psychique se trouvent en relation étroite et indissoluble avec son organisation physique et ses modestes origines ; les phénomènes physiologiques et psychologiques forment une chaîne ininterrompue, et l'on n'aperçoit point de ligne de séparation entre ce qu'on est convenu d'appeler les lois de la nature et les lois sociales, celles-ci n'étant que la suite, le développement de celles-là. Ce sont, en un mot, les mêmes lois destinées à régir des phénomènes appartenant à une nouvelle manifestation de la vie, phénomènes plus subtils et plus complexes, d'un ordre plus élevé, dans l'échelle de l'évolution, mais qui ont tous leur place dans la nature et qui en dépendent étroitement ainsi que l'homme lui-même.

La vie sociale n'est qu'un des aspects multiples et variés que revêt la vie de l'univers, et ses manifestations se rapportent à l'homme, en tant qu'être sociable, c'est-à-dire forcé par sa nature à vivre en relations avec ses semblables. Agrégat de cellules, l'homme est devenu cellule à son tour, pour former avec ses semblables un agrégat d'une espèce nouvelle. Le but que les cellules poursuivent toujours en se groupant n'est autre que la recherche d'une plus grande sécurité pour l'individu et pour l'espèce ; il en est de même quant à la raison d'être des liens sociaux : la loi naturelle qui préside à leur formation et qui assure leur solidité prend ici le nom d'intérêt, celui-ci se retrouve à la base de toutes les manifestations de la vie sociale et à toutes ses époques, il est le moteur le plus puissant de toute activité économique, et, quoi qu'on fasse, on n'en trouverait point d'autre si l'on pensait sérieusement à le remplacer ; ses racines sont communes à l'homme et à tous les êtres organisés, et comptent parmi les forces les plus puissantes de la nature.

Nul ne saurait contester l'importance de l'étape qui a été franchie par l'homme sous les yeux de l'histoire, son passage de la vie à l'état de nature à la vie sociale ; ce changement a dû être forcément accompagné d'une transformation profonde de ses conditions d'existence, de sa structure mentale, de ses goûts et de ses besoins, et cependant il est toujours resté ce qu'il a été, pauvre créature chétive, soumise à l'implacable nature qui, malgré les apparences trompeuses et les conquêtes que l'homme est parvenu à faire sur elle, lui fait néanmoins durement sentir son joug, et les coups qu'elle frappe lui sont d'autant plus douloureux que ses illusions et son orgueil sont plus grands.

Les liens qui unissent les hommes entre eux se

multiplient avec une rapidité croissante, la vie
sociale devient de nos jours de plus en plus intense
et compliquée, et pourtant on aurait tort d'en conclure que l'homme s'éloigne par là de la nature et
s'affranchit de la domination de ses lois ; il n'en
est rien. Il est vrai que, grâce aux progrès des
sciences, de l'agriculture et de l'industrie, la satisfaction des besoins essentiels de subsistance étant
plus facile, le combat pour la vie des individus, si
terrible à l'état de nature, devient de moins en
moins acharné et meurtrier. On s'est empressé
d'en inférer que la lutte inhérente à la vie avait
diminué, et qu'un avenir très proche la verrait
disparaître tout à fait; nous croyons qu'une
observation attentive des faits sociaux conduit à
une conclusion toute différente.

La lutte pour la vie n'a point disparu ni même
diminué, elle s'est uniquement déplacée et élevée ;
de lutte naturelle et brutale elle est devenue
sociale, soumise aux règles de la justice. Moins
menacé dans son existence propre, n'ayant plus
à employer toute son activité, à diriger tous ses
efforts pour satisfaire l'instinct de conservation de
l'individu, l'homme subit avec plus de force qu'au-
trefois l'impulsion de l'instinct de conservation de
l'espèce ; ce n'est plus tant pour lui-même que
lutte l'homme civilisé contemporain, c'est surtout
pour ses enfants et ses descendants ; il ne se borne

plus à la satisfaction de ses propres besoins : cela ne lui suffit pas, il pense à l'avenir, il épargne, même dans l'aisance et l'opulence, il ne se repose point, et travaille parfois durement des bras ou de la tête jusqu'à la mort, non plus pour lui-même, mais pour les siens. Bien que l'homme civilisé, sauf de rares exceptions, n'ait plus à lutter de nos jours contre ses semblables, mais contre les forces de la nature, on ne peut refuser à son activité le caractère de lutte : il dépense ses forces et son intelligence, il fait des conquêtes, il cherche à vaincre des résistances qui ne cèdent à ses attaques que s'il est fort, et ce sont les plus forts, les plus intelligents, les hommes *supérieurs* aux autres, qui remportent les plus grandes, les plus durables victoires et qui en transmettent les fruits à la postérité.

II

En analysant la vie sociale, on retrouve au fond le même élément qui forme la base de la vie animale : la lutte ; c'est elle qui devient ici également l'agent le plus actif du progrès, c'est toujours le plus fort qui remporte la victoire et qui transmet ses conquêtes ainsi que ses aptitudes nouvellement acquises à ses enfants ; seulement ce n'est plus la force musculaire qui est ici en jeu, mais la force psychique, qu'on appelle tantôt morale, intellectuelle, tantôt force de caractère, énergie, puissance d'invention et d'adaptation, talent, génie ou autrement. La lutte sur le terrain de la vie sociale porte, elle aussi, un autre nom ; ayant perdu son caractère de brutalité et d'égoïsme, elle nous apparaît sous un aspect tout différent, elle ne détruit plus, mais crée et féconde, et profite non seulement au vainqueur, mais à l'humanité tout entière. Malgré cela, les bienfaits de la concurrence sont non seulement complètement inconnus de l'opinion publique, mais généralement on lui attribue des effets nuisibles, on l'accuse d'injustices et d'iniquités. C'est que la solidarité naturelle des intérêts qui existe dans la vie sociale, et qui en est pour ainsi dire l'étoffe, est difficilement aperçue et comprise; on ne voit pas les fils innombrables qui relient entre eux les individus, qui se multiplient avec les progrès de locomotion et de communication de la pensée, et l'on persiste dans la vieille erreur que le profit de l'un provient nécessairement de la perte de l'autre. La théorie de l'égoïsme individuel vient seulement d'être abandonnée par la science, et il faudra des siècles de culture intellectuelle jusqu'à ce que les couches inférieures de l'humanité parviennent à comprendre que les hommes à l'état social sont solidaires entre eux par nature, et qu'il est de l'intérêt de chacun d'avoir des voisins bons, heureux et aisés. Si ce jour arrive jamais, il marquera le triomphe de la doctrine chrétienne, obtenu avec le concours de la science.

Nous avons dit que la loi de sélection naturelle s'applique à la vie sociale dans toute sa force et son étendue; elle s'y applique si bien, et les phénomènes sociaux sont si intimement liés aux phénomènes naturels, que ce sont les idées de Malthus moraliste et économiste qui ont servi au naturaliste Darwin de fondement à sa théorie, qu'on a pu justement appeler théorie de l'aristocratie naturelle. L'action de cette loi dans le domaine social n'est pas moins importante et bienfaisante: elle

2.

s'exerce au moyen de l'inégalité, qui est en même temps sa source et sa raison d'être; c'est grâce à l'aristocratie, dans le vrai sens du mot, c'est-à-dire aux supériorités et à leur développement libre, que les sociétés avancent en civilisation. L'inégalité entre les individus ne disparaît pas avec le progrès, mais, au contraire, elle augmente et s'accentue de plus en plus en raison même de ce progrès. Ce fait bien connu des naturalistes et des voyageurs, qui ont eu l'occasion de comparer entre elles des races de différents degrés de culture, est souvent contesté lorsqu'il s'agit d'individus appartenant à une même race ; pourtant il est clair que cette différenciation d'aptitudes va toujours en s'accentuant, et l'espace mental qui sépare, par exemple, un savant moderne d'un homme du peuple de même nationalité est bien plus grand que celui qui sépare ce même homme d'un nègre de l'Afrique ou d'un Hottentot.

III

La grande conquête des temps modernes n'est pas l'égalité, qui ne peut exister en dehors du cerveau de l'homme, à moins qu'elle ne soit telle que la conçoit Michel Chevalier, « proportionnelle à la moralité et aux talents, aux mérites et aux services », mais la liberté, c'est-à-dire le droit reconnu aux individus de développer leurs facultés sans liens ni entraves. Ces deux principes sont ennemis irréconciliables, ils se contredisent et s'excluent mutuellement ; dirigés presque uniquement par des mobiles d'envie, les réformateurs partisans de l'égalité absolue n'ont qu'un seul moyen de mettre en pratique leurs théories (moyen lui-même impraticable d'ailleurs), c'est de mutiler toutes les supériorités, de détruire dans les individualités d'élite, au moyen d'entraves légales, tout ce qui les élève au-dessus des foules. Il est facile de s'imaginer quels résultats désastreux amènerait une aussi monstrueuse violation de la liberté, l'expérience faite dans ce sens par le système d'éducation moderne peut en donner une légère idée. Dans les démocraties an-

tiques, les mêmes règles de politique ont été
suivies par les tyrans, ces chefs populaires que les
révolutions ont mis à la place des anciens rois.
« Un tyran de Corinthe demandait un jour à un
tyran de Milet des conseils sur le gouvernement.
Celui-ci, pour toute réponse, coupa les épis de blé
qui dépassaient les autres ». (*Fustel de Coulanges.*)

On essaya d'appuyer la théorie de l'égalité sociale sur l'équité et les principes de justice ; c'est
au nom de la justice, nous dit-on, qu'il faut ten-
dre à ce que tous les hommes deviennent égaux ;
rien de plus faux que cette affirmation, le principe de justice exigeant, au contraire, le maintien
de l'inégalité parmi les hommes. La justice, on ne
saurait le rappeler trop souvent, n'est pas l'égalité de tous, mais l'égale liberté pour tous ; cette
distinction est capitale. Les inégalités sociales provenant de causes naturelles et transmises par voie
d'hérédité et d'héritage sont bonnes, justes et
profitent indirectement à l'humanité tout entière ;
ce qui est mauvais, injuste et nuisible, ce sont les
moyens artificiels et contre nature employés à
façonner l'homme, sa vie, ses mœurs et ses institutions, conformément à des règles et à des plans
chimériques, produits d'imaginations en désor-
dre ou de raisonnements faux.

Les différentes égalités, devant la loi, devant

l'impôt, etc..., conquêtes de ces derniers siècles et dont les peuples modernes sont justement fiers, bien qu'ils fassent tout ce qu'il
faut pour les perdre, n'infirment pas notre asser-
tion, elles la confirment, au contraire, car ces
égalités particulières ne découlent pas du principe
d'égalité absolue et abstraite, mais de celui de liberté et de justice. Les hommes vivant en société, étant obligés par la nature des liens qui les
unissent d'aliéner, dans leur propre intérêt, une
partie de leur liberté au profit de cette société, il
a paru juste que cette aliénation de liberté se
fasse par portions égales, afin de *maintenir* par
ce moyen l'inégalité naturelle entre les individus
et fermer l'accès à l'arbitraire. Cette aliénation est
en elle-même un mal, mais un mal nécessaire,
c'est un assujettissement partiel de l'individu, sans
lequel la vie sociale serait impossible ; mais, pour
que cet assujettissement fût juste, pour qu'il ne fût
pas contraire au principe de liberté, il ne faut pas
qu'il détruise les inégalités naturelles : il faut qu'il
les conserve et les maintienne en les diminuant
toutes d'une quantité égale, ou du moins parais-
sant telle.

On pourrait donc appeler nos égalités modernes
des égalités négatives ; elles sont justes et utiles
aux sociétés, non pas comme but, en tant qu'égalité, mais uniquement comme moyen de concilier

le maintien de la liberté individuelle avec les exigences de la vie sociale. Quant au principe d'égalité absolue et abstraite qu'invoquent les partisans de réformes sociales plus ou moins radicales et violentes, ce n'est qu'un mot, un mot vide de sens, et voilà certainement la raison du grand bruit qu'il fait dans le monde.

La Fraternité.

I

A mesure que se développe la vie sociale, que ses manifestations se diversifient et s'entrecroisent, les points de contact des hommes entre eux se multiplient, les distances diminuent, les barrières légales et les préjugés qui séparaient jadis les peuples tendent à disparaître et notre monde civilisé prend, au point de vue économique et politique, de plus en plus l'aspect d'un tout uniforme et homogène. Il en résulte que les questions de morale, c'est-à-dire se rapportant aux règles de conduite des hommes entre eux, au point de vue de la justice, acquièrent une importance qui, loin de diminuer, comme on se plaît parfois à l'affirmer, augmente, au contraire, tous les jours. «Nous sommes tous solidaires de nos actes, on ne sait jamais qui paiera nos fautes », comme l'a dit M. Edouard Rod, et les conséquences éloignées de ces actes n'ont pas une importance moindre que celles qui sont immédiatement visibles et sensibles.

Nous n'avons pas l'intention d'exposer dans les lignes qui suivent un nouveau système de morale, ni de critiquer ceux qui ont servi ou ont paru servir jusqu'ici au genre humain ; nous voulons simplement nous arrêter sur un cas particulier de conduite et examiner si l'idée qu'on se fait généralement de nos jours du sentiment de fraternité comme mobile moral dirigeant est exacte, correspond à la réalité, ou bien si, dans le langage courant, le mot ne dépasse pas, ne défigure pas la pensée : ce qui malheureusement n'arrive que trop souvent, embrouille le raisonnement et fausse les conclusions.

Comme son étymologie même l'indique, le mot fraternité sert à désigner un sentiment qui correspondrait à l'amour fraternel et qui y trouverait sa source ; il n'est cependant presque plus d'usage de le prendre dans son sens propre, c'est surtout au figuré qu'on l'emploie pour désigner, non pas l'ensemble des sentiments altruistes qui unissent entre eux les descendants d'auteurs communs, mais ceux dont, dans l'opinion générale, sont censés s'inspirer, dans leur conduite envers leurs semblables, tous les chrétiens, sans distinction de race ni de condition sociale. Il est convenu de croire que, chez les peuples civilisés, c'est l'amour du prochain qui régit les relations sociales, et il n'est pas permis d'en douter. On nous affirme que le sentiment de fraternité existe dans tous les cœurs, qu'il est universel, naturel à l'homme, inné et, ce qui présenterait en pratique une importance de premier ordre, qu'il possède une puissance et une résistance assez grandes pour pouvoir exclure du caractère de l'homme tout vestige d'intérêt personnel et servir, à lui seul, de base à un nouveau système économique et politique, très à la mode, qu'on veut mettre immédiatement à la place de l'état de choses existant et qu'on trouve parfait, bien qu'on ne soit pas encore d'accord sur ce que doit être ce nouveau système.

Pour nous, qui ne partageons pas les belles illusions des réformateurs socialistes, la fraternité, aussi bien dans son sens propre qu'au figuré, promet plus qu'elle ne peut tenir, et nous croyons que, pour le moment du moins, il faut la ranger dans la catégorie des grands mots à effet qui servent aux politiciens de mauvaise foi à émouvoir et conduire les foules. Il arrivera peut-être une époque où le développement de l'instinct de sociabilité permettra à la fraternité de devenir un sentiment universel, commun à tous ; à l'heure qu'il est, nous n'en savons absolument rien et nous en sommes encore très éloignés, si éloignés que malgré beaucoup de bonne volonté il nous est impossible de nous imaginer, à l'aide d'éléments que nous fournissent l'expérience et le

3

raisonnement, un état social fondé sur l'altruisme pur et dont tout sentiment égoïste, tout mobile d'intérêt personnel serait banni à jamais. Il y a bientôt deux mille ans que la doctrine du Christ tend à devenir sentiment et à pénétrer dans la vie pratique des peuples, et pourtant son action, bien qu'incontestable, est cependant beaucoup plus faible et plus superficielle qu'on ne le croit; elle n'a fait jusqu'ici qu'effleurer la surface de la nature humaine et lui a donné un léger vernis d'altruisme qui recouvre toujours des couches profondes de sentiments égoïstes et antisociaux.

II

Commençons par la fraternité dans son sens propre, et voyons s'il y a, parmi les sentiments que tout cœur humain soit capable d'éprouver et qui exercent une influence sensible et appréciable sur la conduite en général, un amour fraternel ; peut-on même donner le nom d'amour aux liens qui unissent ordinairement entre eux les frères et sœurs? Nous ne le pensons pas ; l'expérience prouve, au contraire, que dans la vie réelle l'amour fraternel n'est pas le moins du monde un sentiment naturel, normal et universel, qu'il est plutôt une exception ; et ce serait se rendre coupable d'une erreur profonde que de vouloir généraliser un sentiment qui n'apparaît que chez des êtres d'une culture morale bien au-dessus de la moyenne, et grâce à un concours de circonstances particulier. Nous savons tous combien il est difficile de trouver ce qu'on appelle une famille unie, dont les membres vivent, non pas seulement en apparence mais réellement, dans une concorde et une harmonie parfaites, s'entendent entre eux et s'assistent mutuellement ; encore bien plus rares sont les familles qui, malgré les règles fixes et

uniformes établies par la loi, subissent l'épreuve
redoutable d'un partage d'héritage sans que les
bonnes relations de leurs membres n'y perdent
quelque chose ; les obstacles mis à la liberté testa-
mentaire et les moyens employés à les éluder en
sont d'ailleurs une des causes principales. Un partage d'héritage, voilà l'écueil où viennent se briser
d'ordinaire les affections de famille les plus durables, l'amour fraternel le plus solide en apparence ; cela ne veut pas dire, bien entendu, qu'il
n'existe point de famille dont l'union ne puisse
résister à toute épreuve, mais il arrive commu-
nément que l'existence de la famille comme
groupe social est entièrement subordonnée à
l'intérêt individuel de ses membres, c'est une
institution essentiellement utilitaire qui ne dure
en fait qu'aussi longtemps que les enfants la jugent
nécessaire à leur bien-être, au développement de
leurs forces ; puis elle disparaît dès que les
enfants sont parvenus à pouvoir se suffire à eux-
mêmes ; ils abandonnent le foyer, s'organisent une
vie nouvelle et indépendante, tandis que les
parents passent le plus souvent leurs vieux jours
dans l'abandon et l'isolement. En d'autres termes,
les sentiments altruistes ne sont ni déterminants,
ni tout-puissants dans les relations de famille, et
l'amour fraternel n'est ni assez répandu, ni assez
fort pour contrebalancer et étouffer l'intérêt per-

sonnel des individus, pour exercer une influence
quelconque qui lui soit propre. C'est donc abuser
étrangement de la force des termes que de donner
le nom d'amour, c'est-à-dire de passion, à un sentiment d'une faiblesse et d'une fragilité aussi
manifestes, ne reposant sur aucun besoin naturel
d'affection et dont la source unique ne pourrait
être que l'antique voix du sang, qui a malheureusement abandonné depuis longtemps le domaine
de la science pour celui du mélodrame.

Ce n'est cependant pas seulement à l'amour
fraternel qu'il faut appliquer ce que nous venons
de dire et qu'on est embarrassé de trouver une
base naturelle solide, il en est de même de l'amour
paternel ; celui-ci est également le produit de la
vie sociale et civilisée et d'origine relativement
récente : la nature ne les connaît ni l'un ni l'autre
et ne vient pas les appuyer de ses lois, comme elle
le fait pour l'amour maternel. Parmi les éléments
constitutifs de la famille, c'est l'amour maternel
seul qui est puissant, durable et universel, anté-
rieur à la vie de famille et à la vie sociale ; tous
les liens qui unissent entre eux les membres de
la famille, l'amour du père pour ses enfants et
réciproquement, aussi bien que l'affection des
enfants les uns pour les autres, dérivent de
l'amour maternel, y trouvent leur source et y
convergent; ce ne sont là que des sentiments indi-

rects, artificiels, qui dépendent étroitement de l'existence de la vie de famille ; une fois celle-ci dissoute, les éléments qui constituaient l'amour paternel, fraternel et filial disparaissent. Ils étaient nés de la vie en commun, du contact de tous les jours, de l'habitude, des petits services reçus et rendus, des jouissances d'amour-propre, et tout cela peut être aisément déplacé et remplacé au besoin, car c'est toujours, en dernière analyse, l'intérêt personnel qui se trouve au bout.

L'amour maternel plonge ses racines plus profondément que l'instinct de sociabilité, dont les manifestations lui sont en quelque sorte étrangères, lui seul est spontané, altruiste par nature et par essence, tous les autres sentiments de famille sont dérivés et intéressés ; aussi l'amour maternel mérite-t-il le nom qu'on lui a donné, il augmente en puissance avec l'évolution de l'espèce humaine, et ses sources ne tariront jamais, tandis que la fraternité n'est pas un sentiment existant par lui-même, indépendamment des circonstances extérieures, une passion irraisonnée, mais une affection calme et de courte durée ; aussi, le nom d'amour qu'elle s'est arrogé nous paraît une usurpation, un abus de langage, un contresens qui conduit à toute une série de fausses généralisations.

III

Si les liens moraux qui unissent entre eux les membres d'une seule et même famille sont fragiles et d'une durée limitée, est-il raisonnable et prudent d'attribuer une solidité plus grande aux sentiments altruistes qui président aux relations entre étrangers ? Peut-on leur donner le nom de fraternité et croire qu'en pratique toutes les actions humaines, sans exception, pourront jamais avoir pour règle unique l'amour du prochain ? La réponse ne nous paraît pas douteuse, un état social semblable est un idéal absolument inaccessible à l'homme d'aujourd'hui et incompatible avec sa nature. Le sera-t-il toujours ? nous n'en savons rien ; ce qu'on peut cependant affirmer sans crainte de se tromper, c'est que, en ce moment, nous en sommes encore très éloignés.

L'amour du prochain comme base unique des relations sociales est incontestablement le plus beau système de morale qu'il ait été donné jusqu'ici aux hommes d'imaginer ; malheureusement cela ne signifie pas qu'il puisse, dans la pratique, remplacer à lui seul tous les autres ressorts de

l'activité humaine, dont il est indispensable de
tenir compte, car ils sont naturels à l'homme, se
dégagent de ses instincts, de ses penchants, de
ses travers et constituent les traits fondamentaux
de son caractère. Avant d'exiger que le renonce-
ment absolu puisse servir de base à la morale,
il faudrait commencer par modifier le caractère
même de l'homme, changer tous les mobiles
déterminants de sa conduite, les remplacer partout
par l'esprit de dévouement et de sacrifice. Est-il
au pouvoir de l'homme d'effectuer sur lui-même
un travail d'auto-transformation aussi radicale, de
briser tous les liens qui le rattachent par ses origines à l'animalité? Ou bien n'est-ce là qu'un de
ces beaux rêves dont il se berce si fréquemment
pour satisfaire le besoin d'harmonie qu'il porte
en lui?

Ce que nous voyons tous les jours autour de nous
n'est pas fait pour rendre proche ni même probable
le règne de la fraternité universelle; ceux-là
mêmes qui font de sa recherche pour ainsi dire
leur métier et croient avoir le monopole de l'altruisme, les socialistes de tout acabit, montrent
dans leur propre conduite les instincts antisociaux
les plus caractérisés, l'égoïsme le plus primitif.
Tout en déclarant hautement s'inspirer dans leur
conduite uniquement de l'esprit de solidarité et de
liberté, ils limitent leurs sentiments de fraternité

non pas seulement aux individus de même nationalité ni même de classe sociale, mais à ceux appartenant à la même profession qu'eux, et encore les syndicats paraissent avoir leur morale propre qui ne s'applique point aux non-syndiqués. D'autre part, on voit sur tous les points du monde civilisé surgir des conflits sanglants entre travailleurs, comme ceux d'Aigues-Mortes, de la Nouvelle-Orléans, de Zürich, et tant d'autres qui prouvent que, du moment que leur intérêt personnel se trouve directement en jeu, non seulement les sentiments de fraternité, mais ceux d'humanité et de simple justice n'existent plus dans les couches inférieures des populations. Les couches supérieures des classes laborieuses, représentées chez les ouvriers des villes par les socialistes philosophant et beaux parleurs, qui se rassemblent en congrès et votent des programmes, donnent également des preuves manifestes d'hésitation et d'inconséquence toutes les fois qu'il s'agit de se prononcer catégoriquement sur un des principes fondamentaux de leur doctrine. C'est ainsi que le projet de grève générale et internationale en cas de guerre présenté à l'approbation du Congrès socialiste de Zürich a été rejeté par 14 voix contre 4, ce qui prouve, croyons-nous, que l'internationalisme, cette pierre angulaire de tout leur édifice, est loin de sortir du domaine de l'abstraction pour revêtir une forme concrète.

IV

Quand on veut examiner la question qui nous occupe à fond et sans parti pris, on arrive à la conclusion que la fraternité complète et sans réserve est non seulement impraticable à l'état présent de la culture morale de l'humanité civilisée, mais que, pratiquée, elle donnerait des résultats désastreux, serait nuisible et injuste, car elle mettrait les bons et les justes dans un état d'infériorité marquée vis-à-vis des méchants et des fripons ; il s'ensuit qu'à l'heure qu'il est la fraternité, c'est à-dire l'altruisme absolu, pratiquée par quelques-uns serait immorale dans ses dernières conséquences, car elle encouragerait les mauvais penchants, développerait l'égoïsme du plus grand nombre, d'une part, tandis qu'elle exposerait, d'autre part, l'élite de l'humanité à des souffrances imméritées et à une élimination inévitable et complète. Pour que la pratique de la fraternité fût morale et juste, il faudrait que les principes d'équité fussent généralement admis et suivis et que le niveau de culture fût le même chez tous les individus dont se compose la société.

Sans cela, avec la disparition de l'intérêt personnel comme agent régulateur de la conduite, les justes resteraient désarmés et sans défense et l'équilibre serait rompu; les scrupules des justes les mettraient à la merci de ceux qui n'en auraient pas, ce qui s'est vu d'ailleurs bien des fois dans l'histoire, et la fraternité, au lieu d'inaugurer un régime de paix, de concorde et de justice, introduirait dans les relations sociales l'oppression et la spoliation la plus terrible.

Il faudrait donc, pour que le sentiment de fraternité pût régler les relations des hommes entre eux, que leur niveau moral à tous fût exactement le même, ce qui est manifestement impossible, sans quoi ce ne seraient plus les forts qui opprimeraient les faibles, comme cela a lieu parfois aujourd'hui, mais les méchants qui opprimeraient les justes. Or, si l'on est forcé de choisir entre ces deux alternatives, l'hésitation n'est pas possible : la victoire des forts, même quand elle a lieu au prix de nombreuses victimes, nous assure le progrès qui diminue les souffrances de l'humanité en général et rend les cas d'opposition d'intérêt entre les individus de plus en plus rares. La victoire des méchants ne pourrait procurer aucun avantage, elle ferait perdre à la civilisation peu à peu toutes ses conquêtes, la ramènerait à son point de départ et conduirait l'humanité à sa perte.

Les théoriciens de la fraternité, convaincus et de bonne foi, s'inspirant de la doctrine chrétienne, méritent notre respect et notre admiration ; ils sont les champions d'une cause et les partisans d'un système de morale dont la beauté ne saura jamais être dépassée ni égalée. Quant à sa valeur pratique, elle pourra être discutée et niée, car c'est une morale faite par des anges et pour des anges ; au point de vue esthétique, toutefois, il restera un idéal inaccessible dont les moralistes de l'avenir ne pourront qu'approcher.

Où cependant la fraternité devient odieuse et haïssable, c'est lorsqu'elle est imposée par la force et commandée par la loi sous l'instigation d'apôtres hypocrites, qui l'emploient comme instrument de despotisme déguisé, pour détruire la liberté des individus et fonder leur propre puissance ; elle dégénère alors en oppression et en tyrannie, d'autant plus terrible et difficile à éviter qu'elle s'exerce au nom de principes respectables entre tous, devenus entre les mains des meneurs de vils mots de boniment qui servent à attirer les foules inconscientes et aveugles, à éveiller leurs passions et à les conduire.

Le principal ressort de l'activité économique de l'homme civilisé contemporain est sans contredit l'intérêt individuel, qui se manifeste par l'action continue de la loi, de l'économie des forces ;

sous ce rapport l'homme n'a point changé. Produire avec la moindre somme d'efforts, consommer en satisfaisant la plus grande somme de besoins, voilà la formule de cette loi éminemment juste et bienfaisante et par cela même irréprochable, aussi bien au point de vue économique qu'au point de vue moral. S'il en est ainsi de la production et de la consommation des richesses, leur répartition, qui n'est qu'une opération intermédiaire, sert de trait d'union aux deux autres, en dépend étroitement et n'a point d'éléments propres, subit les mêmes influences et doit être également soumise à la loi de l'économie des forces. Aussi l'utilité et la justice sont les deux seuls principes régulateurs qui doivent être écoutés et suivis dans la circulation de la richesse dont la répartition n'est que le résultat et le but final.

Il existe depuis quelque temps une tendance, regrettable à bien des points de vue, à faire intervenir, dans la circulation des richesses, des éléments d'ordre sentimental qui lui sont et doivent lui rester complètement étrangers : l'égalité et la fraternité. Nous avons essayé de démontrer que l'égalité n'existe pas et que, si elle pouvait exister, elle serait injuste ; quant à l'amour du prochain devenu un article de programme politique, voté, promulgué et sanctionné par l'autorité publique, il prépare des souffrances bien plus grandes que

celles qu'il éloigne momentanément ; ce n'est
pas là sa place, et l'on ne doit pas en faire une
plate-forme électorale.

La fraternité, quand elle existe, est un sentiment personnel, intime, une vertu qui, tirée hors
des consciences pour être mise dans les lois
écrites, perd son caractère essentiel, sa valeur,
son efficacité, devient un simple article de code,
une bienfaisance imposée et forcée, un impôt
injuste, et par cela même immorale d'un côté,
exécrée et odieuse de l'autre. Une répartition des
richesses régie, non pas par les lois économiques,
mais par l'amour du prochain, aurait un contre-
coup immédiat sur la production et la consommation des richesses, en arrêtant et frappant de
stérilité l'une et en stimulant l'autre outre mesure.
L'équilibre nécessaire entre la production et la
consommation est loin d'être atteint ; la production de fausses richesses et les consommations
improductives se chiffrent tous les ans par mil-
liards, tandis qu'une faible partie de l'humanité a
de quoi satisfaire ses besoins essentiels ; l'intérêt
individuel seul est assez puissant et fécond pour
faire cesser et réparer ce gaspillage de forces et le
dommage qui en résulte ; toutes les fois que la
force brutale essaye de le paralyser, peu importe
au nom de quel principe ou de quel préjugé elle
le fait, elle désorganise toute l'activité économique

de l'homme au prix de pertes incalculables et de nouvelles sources de souffrances.

La lutte de la fraternité factice et chimérique, fondée sur la prétendue égalité, avec celle qui découle de la solidarité des intérêts, seule durable, naturelle à l'homme et inhérente à la vie sociale, n'est pas près de se terminer : elle durera jusqu'à ce que cette solidarité devienne assez évidente pour être bien comprise de tous. Quant à la fraternité socialiste, elle n'est supérieure en rien à notre vieil amour du prochain, qui est, lui aussi, un sentiment égoïste, souvent étroit et diminue en raison des distances d'espace et de condition sociale qui séparent le sujet de l'objet.

La Liberté.

I

La guerre meurtrière et acharnée que se livrent
en ce moment, sur le terrain économique et politique, les principes de liberté et de justice repré-
sentés par la science, d'une part, et la force brutale des foules, d'autre part, peut avoir deux issues
différentes. Si c'est la liberté qui en sort victo-
rieuse, notre civilisation sera sauvée, pourra con-
tinuer à s'élever et à se développer; si c'est la
force du nombre qui triomphe sur toute la ligne,
l'histoire va assister encore une fois au spectacle
de l'écroulement, à l'anéantissement d'une grande
civilisation trop faible pour résister à l'assaut des
barbares. Les combats isolés qui se livrent tous
les jours sous nos yeux, entre les libéraux et les
socialistes, marquent les péripéties de la lutte et
décideront de son résultat définitif ; il serait donc
à souhaiter qu'on comprenne la gravité du moment, qu'on sache ce qu'on veut, ce qu'on fait
et où l'on va, car c'est sur l'humanité contempo-

4.

raine que retombera la responsabilité de ce que l'avenir nous réserve. C'est de la liberté que nous voulons entretenir nos lecteurs, sans espérer d'ailleurs pouvoir dire quoi que ce soit de nouveau sur ce sujet; nous tâcherons uniquement de réduire la question à ses termes les plus simples.

Il paraît de plus en plus probable que ce qu'on a l'habitude d'appeler le bonheur n'est pas, ainsi qu'on l'a cru longtemps, une donnée positive, mais négative, et ne consiste point à poursuivre et à acquérir un nombre toujours croissant de jouissances nouvelles, mais plutôt à éviter les souffrances qui guettent l'homme dans la vie, ce qu'il peut faire en développant ses facultés naturelles. C'est ainsi que, chez tous les êtres animés sans exception, la sensation de satisfaction et de bonheur correspond à la liberté de mouvements et en dépend, tandis que toute contrainte, toute entrave apportée au libre exercice, à l'expansion spontanée de leurs forces et de leur énergie entraîne indubitablement la sensation de malaise et de souffrance. Cette disposition naturelle, physique à la liberté semble être une conséquence et une manifestation de la loi de l'économie des forces dont l'action tend à diriger les efforts de tout être organisé de manière à lui faire rencontrer la moindre somme de résistances afin de ne pas les rendre stériles. Cette loi remplit dans le jeu des phénomènes superorganiques, c'est-à-dire la vie sociale, un rôle non moins important que dans la vie animale, et son action bienfaisante est un agent puissant de perfectionnement pour l'espèce humaine ; en donnant à ses forces la direction qui leur permet de rencontrer le moins de résistance, l'homme assure à ses efforts le maximum de productivité, les multiplie pour ainsi dire, car tout effort resté sans effet, tout travail non suivi de résultat est une perte, aussi bien pour l'individu que pour l'espèce, une perte qui ne se retrouvera jamais.

Ces sources naturelles du besoin de liberté permettent de le ranger au nombre des instruments les plus vivaces et expliquent la persévérance infatigable, l'énergie et la violence avec laquelle l'amour de la liberté se manifeste chez l'homme. Malgré les liens innombrables dont le pouvoir, aidé des croyances et des coutumes, s'est toujours servi pour étouffer la liberté et maintenir l'individu dans la dépendance, il n'y est jamais parvenu complètement, à moins de périr avec elle ; étant une condition indispensable de vie et de progrès, elle accompagne toute civilisation, en est le plus solide soutien ; méconnue et détruite, elle abaisse l'individu et conduit l'État à la décadence. Si, comme les optimistes nous l'affirment, le despotisme naissant des foules qui semble menacer de

nos jours les sociétés civilisées n'est qu'une de ces
oscillations inévitables et passagères qui accom-
pagnent toute modification des idées et tout mou-
vement d'évolution, ce n'est qu'à l'amour de la liberté que l'humanité devra son salut. Si cet amour
ne donne pas aux individus d'armes assez puissantes
pour résister à la tyrannie du nombre, si la science
ne parvient pas à dissiper les erreurs funestes de
la bienfaisance forcée, les illusions de l'égalité absolue et du bonheur universel, les appétits égoïstes
et antisociaux réveillés et déchaînés auront vite
brisé les quelques barrières qui leur résistent encore, tandis que les foules inconscientes et irres-
ponsables, forces de la nature comme l'ouragan
et la tempête, viendront accomplir leur œuvre de
destruction. A mesure que la liberté faiblit, elles
avancent, on les voit tous les jours gagner du terrain ; si elle meurt, tout devra leur céder.

Aussi bien dans la vie sociale que dans la vie
animale, le développement libre de l'individu est la
condition essentielle de sa constitution normale,
de son bien-être, de l'expansion de son activité,
en vue de sa propre conservation et de celle de son
espèce, car c'est ce développement libre seul qui
permet à l'individu de faire usage de toutes ses
facultés, de ses aptitudes, de s'adapter aux conditions extérieures de l'existence, de diminuer
d'une part ses souffrances physiques au moyen de

conquêtes faites sur les forces de la nature envi-
ronnante, d'autre part ses souffrances morales en
multipliant ses connaissances de sa propre nature.
Toutes les entraves, quelles qu'elles soient, mises
à l'activité libre des individus, en les assujettis-
sant à des règles arbitraires et fixes d'égalité factice et en supprimant ou opprimant les traits sail-
lants et originaux de leurs personnalités, les con-
damnent à une uniformité nivelatrice qui oppose
des difficultés extrêmes à toute différenciation
d'organes et de fonctions, et contrarie la tendance
naturelle à s'élever de plus en plus haut à laquelle on vient de donner le nom expressif de ca-
pillarité sociale. Il n'est plus possible, depuis
Bucle et Herbert Spencer, de mettre en doute l'influence de l'hétérogénéité du milieu physique sur
le progrès de l'espèce au point de vue social ; c'est
à l'hétérogénéité géologique, géographique, à la
variété de la nature du sol que les civilisations de
l'Egypte, de la Grèce, de l'Italie et de l'Amérique
ont dû leur naissance et leur existence. L'hétérogénéité des conditions sociales et les différents
degrés de développement mental obtenus par la
liberté ne sont pas de moindre importance ; de nos
jours, ils en ont même acquis une plus grande,
depuis que les progrès techniques de toute sorte,
et en particulier ceux de l'industrie des transports,
ne cessent de détruire l'hétérogénéité des condi-

tions naturelles, en facilitant de plus en plus la
satisfaction des besoins physiques et en unifor-
misant les conditions économiques.

D'autre part, personne ne peut prétendre
pouvoir et avoir le droit d'assigner à l'homme
de l'avenir telle ou telle structure mentale déter-
minée, tel ou tel idéal à atteindre, savoir quels
seront ses besoins, ses goûts et les institutions
destinées à les satisfaire ; ceux qui veulent en-
fermer l'activité de l'homme dans une enceinte
strictement délimitée, et lui donner un développement qu'ils s'imaginent être harmonieux, man-
quent singulièrement de jugement et de modestie.
Qui est-ce qui peut se flatter de posséder une
science assez étendue, des vertus assez éprouvées et
une autorité assez suffisante pour vouloir et pouvoir tailler et façonner l'homme et la société à sa
guise, c'est-à-dire jouer le rôle d'une providence
omnipotente et omnisciente ? La nature humaine
— dit John Stuart Mill — n'est pas une machine
destinée à une besogne voulue et prévue, aux
rouages mathématiquement calculés et dont on
peut d'avance régler la marche, c'est un arbre à
la sève puissante, aux rameaux innombrables
et de structure variée jusqu'à l'infini. Aussi la
fonction de législateur est-elle des plus dif-
ficiles, des plus délicates entraînant une responsabilité illimitée ; dès qu'il s'écarte des lois

de la nature humaine, à chaque pas qu'il fait, il risque de se tromper, de méconnaître des droits légitimes et il prépare une longue suite de réactions qui épuisent les sociétés. Une petite erreur insignifiante en apparence peut devenir, dans ses conséquences éloignées, la cause de pertes incalculables et de maux irréparables; aussi Bucle a-t-il pu dire avec raison que les plus grands législateurs ne sont pas ceux qui font le plus de nouvelles lois, mais ceux qui en abrogent le plus grand nombre.

II

Cependant les nécessités de la vie sociale ainsi
que la nature de l'homme exigent que l'activité
individuelle soit soumise à certaines règles déter-
minées et fixes, car il importe, il est juste et utile
que la liberté des uns ait pour limites infranchis-
sables la liberté des autres. Sans cet équilibre,
sans les lois et les usages qui ont pour but de les
maintenir, toutes relations sociales deviendraient
impossibles, les groupes sociaux n'auraient qu'une
existence précaire et éphémère et tous les bienfaits qu'apporte la vie en commun, toutes les conquêtes matérielles et morales dont l'homme est
redevable à la coopération de ses semblables
disparaîtraient instantanément emportés par les
instincts sauvages et antisociaux qui dorment au
fond des âmes humaines et qu'il faut se garder de
réveiller et de déchaîner. Pour poser les limites
de la liberté des individus, et pour veiller à ce que
ces limites soient respectées, il faut que l'intelligence les trace et qu'une volonté ferme, armée de
pouvoirs étendus, les maintienne. Cette double
fonction a été remplie de tout temps par l'autorité;

bien que l'aspect extérieur sous lequel elle apparaissait à travers les âges, les formes qu'elle revêtait fussent d'une diversité extrême, l'autorité a dû toujours exister, car la nature même de l'homme l'a rendue indispensable dès les premiers germes de la vie en commun.

Bien que l'autorité ait été établie et maintenue en vue de mettre certains obstacles à l'activité libre des individus, obstacles jugés indispensables, il est évident que, considérée en elle-même, à un point de vue absolu, elle est un mal, car elle inflige à l'individu et à l'espèce des pertes d'énergie et de force potentielle. L'autorité a été souvent pour l'homme la cause directe de maux très sensibles et, en dégénérant en abus de force, s'est rendue et se rend encore de nos jours coupable d'innombrables crimes et d'injustices terribles. Elle est allée parfois, comme dans l'esclavage antique, jusqu'à absorber l'individu tout entier, en confisquant à son profit toute son activité libre, en s'efforçant d'anéantir, de supprimer tout ce qu'il y a d'humain dans l'homme et à le dépouiller aussi bien de sa force physique que de sa résistance morale. Avec le temps, les moyens et les manifestations des abus de l'autorité ont changé : sous nos yeux, c'est tantôt une majorité au pouvoir qui opprime une minorité ; tantôt, sous prétexte de porter la civilisation et ses bienfaits au

5

loin, extermine-t-on des races entières ; tantôt, c'est au nom d'une prétendue raison d'Etat, en vue de ce qu'on est convenu d'appeler par euphémisme l'*assimilation* d'une nation conquise, qu'on exercé toute une série de manœuvres criminelles, qu'on met en œuvre tout un système de persécution savante et raffinée pour permettre aux forts de dévorer les faibles en toute sécurité, avec la sanction et la protection de la loi.

Malgré ses erreurs, ses crimes et ses folies, l'autorité a rendu d'inappréciables services ; elle a été et reste toujours un mal, mais un mal nécessaire et indispensable ; on lui doit la vie en commun et tous ses avantages ; toutes les formes et les institutions sociales, depuis la famille jusqu'à l'Etat, reposent sur elle. L'autorité fait peser sur l'homme sa main de fer et abuse parfois cruellement de sa force, mais c'est uniquement grâce à elle qu'il a été possible d'éviter ou d'amortir les chocs et les froissements d'intérêts contraires en présence, de passions animales et d'instincts de destruction ; c'est aux règles de conduite qu'elle impose, aux barrières qu'elle établit que l'on doit en partie le bon fonctionnement des organes sociaux. Mais pour que ce résultat soit atteint, il faut que ces règles soient sages et justes ; aussi est-il d'une importance de premier ordre de savoir comment doivent se manifester et où doi-

vent s'arrêter les freins que l'autorité peut mettre
à la liberté des individus, où finit leur utilité et
leur légitimité et où commence l'abus de la force,
l'injustice et l'arbitraire.

S'il est vrai que l'exercice libre de ses facultés,
l'expansion sans entraves de ses forces et de son
énergie sont, aussi bien pour l'individu isolé que
pour l'individu vivant en société, la source la plus
féconde de bonheur, tandis que toute contrainte
est forcément accompagnée d'une sensation de
malaise et de souffrance, on arrive à conclure,
dans notre ordre d'idées, que la réglementation
de la conduite des individus par l'autorité ne doit
avoir lieu que dans les cas de nécessité absolue,
c'est-à dire certaine, bien constatée, reconnue
comme telle par la science et les esprits d'élite de
l'époque. Aussi longtemps que les décisions de
l'autorité n'avaient point été soumises à l'esprit de
critique, tant que celle ci était considérée comme
infaillible et inspirée par la divinité, ses arrêts ne
pouvaient ni ne savaient être discutés. Ils ne
découlaient point de principes établis et fixes,
n'avaient point de bases rationnelles, mais dépen-
daient uniquement du bon plaisir des détenteurs
du pouvoir et valaient ce que valaient leurs auteurs ainsi que les opinions courantes de l'époque.
Aussi l'autorité dépassait-elle souvent les limites
que la nature des relations sociales lui assigne, en

empiétant sur le domaine de la liberté individuelle, ce qui a fait perdre au genre humain des
quantités d'efforts restés stériles ou qui, refoulés
au fond des âmes, s'y sont transformés en levain
de haine, de vengeance et de discorde. C'est là la
source des révolutions. « Pourquoi, demande
Macaulay, la Révolution française fut-elle si san-
glante et si destructive ? pourquoi notre révolution
de 1641 fut elle douce en comparaison ? pourquoi
notre révolution de 1688 fut-elle plus douce encore ? pourquoi la révolution américaine, considérée dans son histoire intérieure, fut-elle la plus
douce de toutes ? Il y a une solution simple et
complète de ce problème. Les Anglais, sous
Jacques Iᵉʳ et sous Charles Iᵉʳ, étaient moins opprimés que les Français sous Louis XV et sous
Louis XVI. Les Anglais étaient moins opprimés
sous la Restauration qu'avant la Grande Rébellion.
Et l'Amérique, sous Georges III, était moins oppri-
mée que l'Angleterre sous les Stuarts. La réaction
fut exactement proportionnée à la pression, la
vengeance à l'offense. »

Grâce aux récents progrès des sciences sociales
il est actuellement facile d'arriver, en théorie, à
l'équilibre désiré, à l'accord complet entre la
liberté individuelle d'un côté et l'autorité de l'autre, le rôle, les devoirs et les limites de celle-ci
étant parfaitement définis par notre science con-

temporaine. Les attributions de l'Etat ne sont plus guère discutées, car, quoi qu'on en dise, il existe entre les savants une unanimité presque complète sur ce point ; c'est la pratique seule, soumise aux velléités incohérentes des foules et rivée à leur ignorance et à leurs passions, qui persiste dans ses vieux errements, obéit docilement aux préjugés et aux caprices de l'opinion publique, sans vouloir suivre les conseils que la science pourrait lui donner. Et pourtant, s'il existe des conseils sages, justes et désintéressés, ce sont bien ceux que nous donne la théorie, toutes les fois qu'elle fait appel aux découvertes de la science ; elle n'a point d'autre but que d'asservir à l'homme les lois de la nature que celle-ci met en lumière, de les faire agir dans la pratique avec le plus de profit pour l'humanité ; aussi, c'est la théorie qui devrait régir et diriger la pratique et non pas lui être subordonnée, ainsi qu'on le pense généralement, ou plutôt qu'on le répète, sans bien savoir ce que l'on dit.

En ce qui concerne l'objet qui nous occupe en ce moment, il découle des enseignements de la science que les empiétements de l'autorité sur la liberté des individus, s'ils sont jugés nécessaires, doivent être en raison inverse du degré de civilisation du moment, c'est-à-dire de l'empire que les hommes ont sur eux-mêmes et sur la nature qui les entoure. C'est que l'autorité n'existe pas et n'a jamais existé par elle-même, comme but mais comme moyen, elle changeait et se transformait, était partout le produit de l'époque et devait se conformer à ses besoins; sa fonction essentielle et son rôle dans la vie sociale sont d'empêcher les individus de se nuire mutuellement, en maintenant chacun, de force, dans sa sphère d'activité propre et en lui défendant d'empiéter sur celle d'autrui.

Aux débuts de la vie en commun, pour mettre entre les individus des barrières assez élevées et assez solides afin qu'elles résistent à l'assaut des appétits féroces et des instincts brutaux, l'autorité fut forcée de confisquer à son usage, et pour s'en servir comme arme de pacification, toute cette partie de l'activité libre de l'individu, qui se trouvait en contact immédiat avec celles de ses semblables; à cet effet, elle enferma chacun dans un cercle d'usages et de lois, sanctionnés par les croyances religieuses et la force physique, qui amortissait la violence des conflits inévitables dans les relations de l'humanité primitive, empêchant par là la dissolution des sociétés organisées. A mesure que les progrès de la culture intellectuelle et morale permettaient à l'homme de mieux comprendre les avantages de la vie sociale, lui apprenaient à mieux respecter la liberté d'autrui et à mieux apprécier la sienne, les attributions de l'au-

torité diminuaient successivement; elle aban-
donna peu à peu le terrain occupé jadis, la zone
neutre dévolue à l'État qui enfermait et séparait
les individus devint de plus en plus étroite, et
l'individu put regagner lentement l'espace qui, au
début, dut être destiné à l'éloigner de ses semblables.

Voilà pourquoi l'autorité a perdu de ses attributions au courant de l'histoire, depuis les sociétés
primitives où tout, jusqu'aux détails de la vie
privée, avait été réglementé ; elle a toujours
décru pour arriver à notre démocratie américaine
où l'activité individuelle a trouvé le moins d'obstacles légaux et coutumiers à son développement.
Il faut cependant bien se garder d'en inférer que
l'autorité ait pu perdre quelque chose de son utilité ; loin de là, son rôle reste et restera ce qu'il a
été de tout temps, celui de faire respecter la justice en veillant à ce que les individus jouissent,
non pas d'une égalité absolue, qui est une chi-
mère irréalisable et dangereuse, mais d'une égale
liberté. Pour atteindre ce but, il sera nécessaire,
tant que les hommes auront des passions qui obs-
curciront leur raisonnement, c'est-à-dire toujours,
de confisquer une portion de leur activité libre au
profit de l'État, détenteur du pouvoir; cette portion pourra être minime, diminuer jusqu'à l'infini
avec l'élévation de la culture sociale, l'autorité

restera indispensable aussi longtemps qu'il exis-
téra une société organisée, indépendamment du
nom qu'elle portera dans l'avenir.

Néanmoins, la science nous enseigne qu'il est
désirable que l'intervention de l'autorité dans les
relations sociales soit aussi petite que le permet
l'état de civilisation, étant en elle-même un mal,
une cause de perte d'énergie et de richesses ; elle
ne peut être contrebalancée et légitimée que par
les avantages qu'elle procure en échange ; c'est en
proportion de ces avantages que doivent être
pesées et calculées toutes les charges que l'Etat
peut faire supporter aux citoyens, tous les moyens
d'action dont il lui est permis d'user, et en dehors
de ce principe ainsi formulé il ne peut y avoir
qu'injustice et arbitraire.

La difficulté principale que rencontrent ceux
qui veulent déterminer en pratique les attributions de l'Etat est de savoir fixer le degré de
tutelle publique indispensable pour l'époque.
Celle-ci dépend entièrement de la culture intellectuelle et morale moyenne des individus ; moins
cette culture est avancée, plus le terrain neutre
occupé par l'autorité, la zone-tampon entre les
individus, doit être étendu afin de maintenir dans
l'obéissance et rendre inoffensifs leurs mauvais
instincts ; c'est là la seule fonction naturelle et
utile de l'autorité, et plus ces instincts sont puis-

sants, violents et malfaisants, d'autant plus forte
et d'autant plus dure doit être la main du pouvoir.

La question se complique et n'est plus aussi
aisée à résoudre lorsque la lutte pour l'existence,
après avoir quitté le terrain de la force physique,
se transporte sur un terrain plus éloigné de l'état
de nature, celui de la vie économique dans toute
son intensité, en d'autres termes lorsque, grâce
aux progrès techniques, l'instinct de la conservation de l'individu étant facilement satisfait, c'est
l'instinct de la conservation de l'espèce et de son
perfectionnement qui devient le mobile dirigeant
principal de l'activité humaine; le droit d'intervention et la compétence de l'autorité dans le domaine économique étant des plus contestables,
elle est loin de mériter la confiance qu'on lui pro-
digue. Du moment que ce ne sont plus des manifestations de la force brutale qu'il s'agit de réprimer en réagissant contre elles, mais de régler le
jeu des lois sociales, l'autorité, qui n'est elle-
même que de la force brutale organisée dans un
but déterminé, reste impuissante; toutes les fois
qu'on essaye de s'en servir, on commet des fautes
et des maladresses : c'est qu'on s'efforce vainement
d'employer un instrument grossier à un travail
qui demanderait une précision extrême. Les phénomènes de la vie sociale, étant d'une nature différente de ceux de la vie animale, échappent par cela

même à l'action de la force et de la contrainte ; ils sont *superorganiques*, d'ordre psychique, bien trop subtils et trop compliqués pour qu'on puisse, sans courir les plus grands dangers, faire régler leur jeu par une autorité quelconque, à moins qu'elle ne fût douée d'une sagesse et d'une puissance divines. Malheureusement, malgré des préjugés et des illusions très répandus, provenant de l'ancien caractère sacré des représentants de l'autorité, ils n'ont toujours été que des hommes et n'ont jamais pu être exempts des faiblesses et des travers inhérents à la nature humaine ; il n'en sera pas autrement dans l'avenir, et cela contrairement au culte de l'Etat et à la croyance en son infaillibilité, aussi générale que trompeuse.

On peut déduire de ce qui précède deux conclusions également importantes et précieuses au point de vue pratique : en premier lieu, que le gouvernement des peuples doit être confié à ceux qui par leur culture scientifique et morale, c'est-à-dire leurs qualités, présentent le plus de garantie de sagesse, de prudence et d'impartialité ; en second lieu, qu'en ce qui concerne les phénomènes sociaux compliqués en général et les phénomènes économiques en particulier, plus l'immixtion de l'autorité sera rare et limitée, plus petite sera sa chance d'erreur, car l'enchaînement normal et juste de ces phénomènes obéit uniquement au jeu libre des lois de la nature.

III

Il semble donc un fait établi et incontestable que, quel que soit le degré d'avancement auquel puisse parvenir la culture d'un peuple, une certaine partie de l'activité libre de l'individu devra être détournée de son cours naturel et être confisquée au profit de l'autorité pour lui permettre de *maintenir l'ordre* au moyen de la force publique ; l'usage qu'elle fera de cette force pourra être de plus en plus rare à mesure que les hommes apprendront à se gouverner eux-mêmes, mais comme il n'est pas probable qu'ils deviennent jamais parfaits, l'autorité sera toujours nécessaire pour prêter main-forte à la justice. Mais, ces restrictions à la liberté, sur quoi doivent-elles porter ? qui possède la compétence nécessaire pour en décider l'application et en régler les détails ? Voilà deux questions qui, au point de vue pratique, résument le sujet de notre étude.

La fonction essentielle de l'État, celle qui lui est assignée par la nature de l'homme et des liens sociaux, restera ce qu'elle a toujours été, de réprimer et de prévenir les abus de la force brutale ; en d'autres termes, de sauvegarder la justice en faisant respecter la liberté ; en outre, il a paru utile, et l'usage s'est établi en pratique, de charger les pouvoirs publics de certains services d'intérêt général. Il existe toutefois une différence fondamentale entre ces deux fonctions de l'Etat : la première est d'une utilité absolue et incontestable, elle lui est propre, naturelle, les services qu'il rend à l'individu et à la société sont inappréciables et les sacrifices que l'Etat a le droit d'exiger des citoyens pour combattre la force brutale, qu'elle vienne du dehors ou qu'elle se réveille à l'intérieur, ne sont rien auprès des bienfaits de l'indépendance et de la liberté. Il en est tout autrement en ce qui concerne les services d'intérêt général, dont l'Etat est chargé parfois, qu'il considère comme rentrant dans ses attributions et s'arroge le plus souvent, mais que des particuliers ou des associations de particuliers peuvent rendre aisément ; ici l'Etat change de rôle, devient simple entrepreneur, il doit donc, lui aussi, être soumis à la loi commune de la concurrence sans avoir le droit de prétendre ni au monopole ni à la protection. Si dans des conditions économiques normales l'Etat peut remplir les engagements pris vis-à-vis de la société mieux et à meilleur marché que ne pourraient le faire des particuliers, son intervention, malgré le caractère exceptionnel qu'il emprunte, peut se dé_

fendre, paraît légitime ; mais si les services dont
il se charge ne satisfont pas, s'ils sont mauvais,
s'ils coûtent plus cher que ceux que pourraient
rendre des entreprises privées, non seulement
l'immixtion de l'Etat dans la vie économique de la
nation devient inutile, perd toute sa raison d'être,
mais elle est nuisible (ce qui, dans la réalité, est la
règle) ; elle fait subir à la richesse publique des
pertes incalculables, sans parler de l'influence cor-
ruptrice et avilissante du fonctionnarisme et de son
action déprimante sur l'esprit d'initiative privée,
sur l'énergie individuelle et toute tendance au
progrès.

IV

Il nous reste à examiner la question de savoir à qui doit être confiée en théorie, en bonne raison, l'autorité, c'est-à-dire le pouvoir de restreindre la liberté des citoyens. Nous savons que ces restric-tions doivent être aussi rares que possible, et servir uniquement à maintenir la liberté des citoyens en équilibre; l'autorité reste, malgré cela, d'une néces-sité incontestée. Qui donc doit en être investi, qui a le droit naturel de gouverner ses concitoyens et d'exiger qu'on lui obéisse ?

Cette fonction a été de tout temps remplie par des individus ou des groupes d'individus, qui à l'époque donnée, paraissaient le mieux préparés à la remplir, inspiraient le plus de confiance, jouis-saient du plus grand respect, étaient considérés et se croyaient eux-mêmes comme étant délégués par Dieu à le représenter et le remplacer ici-bas ; c'étaient les plus âgés, les plus braves, les plus puissants, héritiers des plus grands noms et des plus grandes traditions, en d'autres mots, les *meil-leurs*, les *premiers*, ou considérés comme tels, qui dictaient leur volonté aux peuples. La répétition

constante de ce phénomène à travers l'histoire
permet de supposer l'existence d'une loi sociale
naturelle qui le régit, ayant sa source dans l instinct de conservation sociale, car l'humanité de
tous les âges et de toutes les civilisations s'y est
toujours conformée jusqu'ici. Ce n'est qu'à une
époque récente, à la suite d'une révolution violente
dans les institutions politiques et dans les idées,
qu'un nouveau système politique surgit, s'efforçant de contredire et d'infirmer la loi susdite ; c'est
le système de la démocratie moderne, dont sont
exclus toute idée de supériorité, tout principe aris-
tocratique, qu'on veut remplacer par celui d'égalité
absolue et par la volonté toute-puissante de la
majorité.

Nous n'allons pas nous arrêter ni à la souveraineté du peuple ni au suffrage universel, etc., etc. ;
il est évident que tous ces dogmes de la démocratie moderne, affaire de sentiment et de croyance,
ne sont que de vains mots vides de sens et
échappent à toute critique, le système politique
auquel ils doivent servir de fondement ne peut
devenir qu'une nouvelle religion et défie tout raisonnement sérieux ; nous voulons seulement dire
quelques mots des droits souverains de la majorité, car c'est là le dogme fondamental qui con-
tient et résume tous les autres.

La souveraineté du peuple s'incarne dans ses

représentants, ceux d'entre eux qui se mettent d'accord et qui sont les plus nombreux ont le droit de régner et de gouverner ; la majorité a toujours raison et la minorité a toujours tort, par le fait même du nombre ; il faut donc que celle-ci obéisse à celle-là. Ce raisonnement ridicule et absurde paraît juste à la plupart de nos contemporains, il représente le dernier mot du progrès en politique, aussi est-il reproduit et appliqué partout où une décision est à prendre par une collectivité d'individus; on s'appuie en cela sur une hypothèse fausse en tous points, la prétendue égalité des intelligences et des facultés, et l'on croit obtenir la plus grande somme de raison et de sagesse au moyen d'un simple calcul.

L'expérience de tous les jours nous apprend, au contraire, que le nombre de ceux qui ont raison est très petit, que les idées de la majorité, les idées courantes sont toujours fausses, qu'il y a au monde infiniment plus de sots que de gens sensés et que ceux-ci doivent forcément se trouver en minorité. Remarquons de plus qu'on se trompe étrangement, si l'on croit que le gouvernement de la majorité est autre chose qu'un despotisme déguisé, car, au fond, c'est tout simplement le règne de la force brutale collective. En effet, que font nos assemblées législatives et autres si ce n'est de constater à chaque vote leur force numé-

rique ; les discussions et les délibérations sont
partout de pures formalités, chacun arrive avec
ses idées toutes faites sur tel ou tel sujet,et chaque
parti sait d'avance le nombre exact de ses adhé-
rents. Bien que parfois, même dans les assemblées parlementaires, on ait recours à la force
physique et aux coups de poing comme moyen
de persuasion, habituellement on ne se donne pas
tant de peine et l'on se dit : « A quoi bon nous
battre, comptons-nous, la victoire restera quand
même aux plus nombreux » !

De plus, si l'on essaye de se représenter ce que
sont, de quoi se composent les foules électorales,
même chez les peuples les plus civilisés, si l'on
prend en considération la nature des mobiles
auxquels elles obéissent en réalité en choisissant
leurs mandataires, ces derniers ne peuvent inspirer aucune confiance. Il est impossible de les con-
sidérer comme appartenant à l'élite, ni même à
la moyenne de la nation ; à de rares exceptions
près, ce ne sont que des hommes d'affaires habiles
et ambitieux, qui exploitent à leur profit les idées
courantes et à la mode du jour, mais qui sont
assurément très éloignés de l'idéal qu'on se fait
du législateur.

Ce n'est donc pas la majorité, le nombre, la
quantité qui a le droit de détenir le pouvoir au
nom de la force et de gouverner : c'est,comme par

le passé, la qualité, l'élite de la nation, les meilleurs et les premiers qui doivent, au nom de la raison, fixer les limites de la liberté de l'individu et veiller à ce qu'elles soient respectées. Les meilleurs et les premiers, ce ne sont plus, de nos jours, les plus forts, ni les plus braves, ni les plus âgés, ni les plus puissants, ni les plus riches, ni ceux qui peuvent se prévaloir d'une longue suite d'ancêtres illustres. Les premiers, à l'époque où nous vivons, ce sont les hommes de science, les savants, ceux dont la pensée s'efforce de pénétrer les ténèbres qui nous entourent de toute part et qui consacrent leur vie à la recherche des lois de l'implacable nature pour combattre celles qui font souffrir l'humanité ; ceux à qui l'éducation, l'instruction, la culture de l'intelligence et la nature désintéressée de leur travail aiguisent l'esprit, élèvent le cœur, affaiblissent et étouffent les mauvais instincts. Y a-t-il quelqu'un qui ait plus de titres à gouverner les peuples que les hommes de science ? La pratique ne vaut-elle pas ce que vaut la théorie et, contrairement au préjugé vulgaire, ne doit-elle pas lui être entièrement subordonnée ?

Ce sont les corps savants, placés naturellement aux sommets des sociétés, qui seuls auraient le droit de choisir entre eux les représentants de l'autorité ; ce choix aurait le moins de chances d'erreur possibles. Peu importe que ces représentants soient officiels, l'essentiel c'est qu'ils aient une action réelle et qu'ils soient plus nombreux, car « les têtes des plus grands hommes se rétrécissent lorsqu'elles sont assemblées, et là où il y a plus de sages, il y a aussi moins de sagesse », comme dit Montesquieu.

Les ennemis de la liberté sont l'ignorance et les passions; le régime démocratique moderne rend l'ignorance toute-puissante, excite et déchaîne les mauvais instincts. En présence des anciennes croyances en ruines, la science seule est aujourd'hui capable de combattre et de vaincre les nouvelles superstitions des foules : le socialisme ; c'est donc aux représentants de la science que l'humanité devra s'adresser si elle veut sauver le principe de liberté en danger, sur lequel repose la vie sociale et le progrès, en rétablissant l'autorité sur ses bases historiques et naturelles.

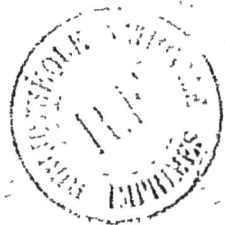

Paris. — Typ. A. DAVY.

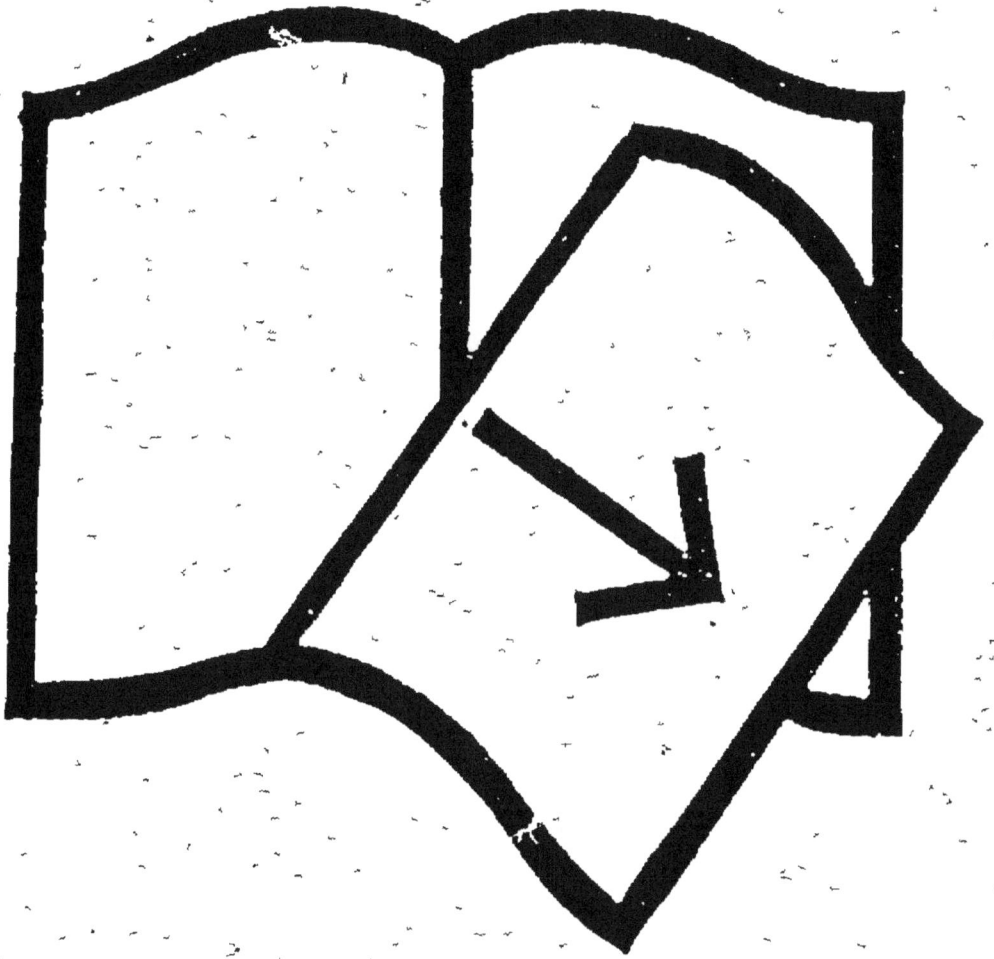

Documents manquants (pages, cahiers...)
NF Z 43-120-13

www.ingramcontent.com/pod-product-compliance
Lightning Source LLC
Chambersburg PA
CBHW070913280326
41934CB00008B/1703